Vente pour cause d'interdiction de Mme E. D...

OBJETS D'ART

ET

D'AMEUBLEMENT

LIVRES

CONDITIONS DE LA VENTE

Elle sera faite au comptant.

Les adjudicataires paieront *dix pour cent* en sus des enchères.

La vente étant judiciaire, aucune réclamation ne pourra être admise une fois l'adjudication prononcée.

Paris. — Imp. Georges Petit, 12, rue Godot-de-Mauroi. — 19417-09.

CATALOGUE

DES

OBJETS D'ART

ET

D'AMEUBLEMENT

Faïences, Porcelaines, Armes

BOIS SCULPTÉS — ÉMAUX

TABLEAUX, PENDULES, MEUBLES, BILLARD

TAPISSERIES

MANUSCRIT — LIVRES

DESSINS — GRAVURES

Dont la vente, pour cause d'interdiction de Mme E. D...

AURA LIEU A PARIS

HOTEL DROUOT, Salle No 10

Les Jeudi 11 et Vendredi 12 Février 1909

à deux heures

COMMISSAIRE-PRISEUR

M. JULES BRODU, 15, rue Bleue.

EXPERTS

Pour les Livres et Gravures :	*Pour les Objets d'Art :*
M. A. DU MAY	**MM. MANNHEIM**
14 *bis*, rue Saint-Georges.	7, rue Saint-Georges.

EXPOSITION PUBLIQUE

Le Mercredi 10 Février 1909, de 1 h. 1/2 à 5 h. 1/2.

ORDRE DES VACATIONS

Le Jeudi 11 Février 1909.

	Numéros.
Faïences et Porcelaines	54 à 71
Objets variés (*Partie des*)	72 à 153
Manuscrit, Livres	1 à 26
Catalogues	27 à 43
Dessins, Gravures	44 à 53

Le Vendredi 12 Février 1909.

Objets variés (*Fin des*)	72 à 153
Armes	154 à 176
Bois sculptés	177 à 192
Pendules	193 à 196
Meubles, Tapisseries	197 à 240

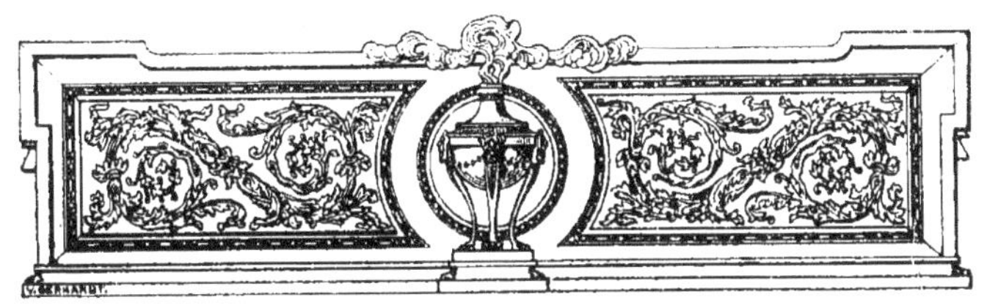

BIBLIOTHÈQUE

MANUSCRIT

1 — **Antiphonaire.** — Très beau manuscrit sur peau de vélin, de l'école italienne de la fin du xvᵉ siècle. Grand in-fol. (65×46) de 155 ff.

Curieuse reliure de l'époque, en ais de bois recouverts de cuir. Les plats de la reliure sont garnis d'une bordure en cuivre festonné. Une série de croix, disposées au milieu de chaque feston, forme l'encadrement des plats, dont le centre est agrémenté d'une rosace surmontée d'un gros clou analogue à 8 autres répartis sur la bordure en cuivre. L'intervalle compris entre la rosace et l'encadrement est parsemé de clous plus petits à tête ciselée. Une autre série de clous est disposée sur les tranches de façon à les protéger.

La décoration de cet antiphonaire comprend : 3 miniatures, parmi lesquelles la plus intéressante reproduit la cérémonie de l'Aspersion : ce sujet est traité avec la plus grande perfection, tant au point de vue de la fraicheur du coloris que du fini de l'exécution ; — 17 belles lettres ornementales, dont quelques-unes historiées, agrémentées de fleurs, feuillages, etc., le tout, rehaussé d'ors polis à l'agate et d'une grande variété de tons, se détachent du texte. -- Environ 480 lettres ou lettrines de moindre importance que les précédentes sont mises en relief par des motifs variés d'ornements filiformes, formant encadrement.

Le plain-chant est disposé sur 4 filets rouges. D'après la pagination en écriture ancienne, il semblerait manquer 2 ff.

Toutes les compositions grandes et petites de cet antiphonaire sont dans un parfait état de conservation.

LIVRES

2 — **Almanachs, Chansonniers**, etc. — Réunion de 21 vol. de formats divers. (*Édit. anc. et mod.*)

3 — **Aurevilly** (Barbey d'). — Une Vieille maîtresse. *Paris, Lemerre, 1879.* 2 vol. in-12, dem.-rel. mar., tête dor.

4 — **Bapst** (Germain). — Histoire des Joyaux de la Couronne de France. *Hachette, 1889.* 1 vol. in-8° broch.

5 — **Bibliothèque** de l'enseignement des Beaux-Arts. — 13 vol. in-8° br.

6 — **Boileau-Despreaux.** — Œuvres. *Genève, 1716.* 2 vol. pet. in-4°. Rel. en veau fauve, fil. sur les pl., dos orn. (*Rel. mod.*)

7 — **Boileau-Despreaux.** — Œuvres. *Paris, Lemerre, 1875.* 2 vol. in-12, dem.-rel. chag. à coins, dos orn., tête dor.

8 — **Cartault.** — Terres cuites grecques. 1 vol. in-4°, dem.-rel. chag.

9 — **Divers.** — *Sully-Prud'homme*, Poésies, 1865. — *Joséphin Soulary*, Poésies, 1847-71. — *François Coppée,* Poésies, 1864. — *Paris, Lemerre, 1872-1877.* Ens. 3 vol. in-12, dem.-rel. chag., tête dor.

10 — **Droit.** — Réunion de divers ouvrages de droit à l'usage des commissaires-priseurs. Ens. 8 vol. in-8°, dem.-rel. chag.

Manuel des comm.-pris. — Traité de la prisée. — Ordonnances sur requêtes et référés, etc.

11 — **Gonse** (Louis). — L'Art gothique. 1 vol. in-f°, dem.-rel. mar. à coins, tête dor.

12 — **Hugo** (V.). — Odes et Ballades, les Orientales, les Voix intérieures, les Rayons et les ombres, les Feuilles d'automne, les Chants du Crépuscule. *Paris, Lemerre.* Ens. 4 vol. in-12, dem.-rel. chag.

13 — **Journal** des commissaires-priseurs, origine 1843 à 1895. 36 vol. in-8°, dem.-rel. chag.

14 — **Lacroix** (Paul). — Le XVIIIe siècle, Institutions, Usages, Costumes. *Paris, Didot, 1875.* 1 vol. gr. in-8°, dem.-rel. chag. à coins, tête dor.

15 — **La Fontaine.** — Contes et nouvelles (*1743*). 2 vol. in-12, rel. maroq. plein. Lavall. fil. encad. sur les pl., tr. dor.

*

16 — **La Fontaine**. — Contes et nouvelles. *Rouen, Lemonnyer, 1879.* 2 vol. in-12, dem.-rel. chag., tête dor.

17 — **La Fontaine**. — Œuvres diverses. *J. et H. Sauvage, 1726.* 3 vol. in-4°, rel. veau fauve.

18 — **Lesage**. — Le Diable boîteux. *Paris, Lemerre, 1878.* 2 vol. in-12, dem.-rel. chag. à coins, tête dor.

19 — **Merlin** (R.). — Origines des cartes à jouer. *Paris, Rapilly.* 1 vol. in-4°, dem.-rel. chag. à coins.

20 — **Musset** (A. de). — Œuvres. *Paris, Lemerre, 1876.* 8 vol. in-12, dem.-rel. chag. rouge, dos orn., tête dor.

21 — **Ouvrages galants**. — Réunion de 10 vol. et plaq. (*plus illus.*), rel. et broch. (*Édit. anc. et mod.*)

22 — **Pellier** (J.). — Le Langage équestre. *Paris, Delagrange, 1889.* 1 vol. in-8°, dem.-rel. mar., tête dor.

23 — **Reliures anciennes**. — Réunion de divers ouvrages religieux. Ens. 7 vol. in-8° et in-12. Reliure en maroquin rouge (*rel. fatig.*).

24 — **Revue des Arts décoratifs**. — *Paris, Quantin, 1880-83.* 3 vol. in-8°, dem.-rel. chag., tête dor.

25 — **Salon**. — Collection de livrets des Salons de 1864 à 1890. 27 vol. in-12, dem.-rel. toile (6 vol. br.).

26 — **Environ 100 vol.** de formats divers, rel. et broch. sur les Lettres, les Sciences et les Arts. *(Ce n° sera divisé.)*

CATALOGUES DE VENTES

27 — **Barbedienne**, 1892. — **Bellino**, 1892. — **M. A. P.**, 1897. — **Menasce**, 1894. — **Pereire**, 1872. — Tableaux, Dessins. Ens. 5 vol. in-4°, dem.-rel. chag.

28 — **Beurnonville**. — Tableaux et Dessins (1881). 1 vol. in-4°, dem.-rel. chag., tête dor.

29 — **Idem**. — 1 vol in-4°, broch.

30 — **Idem**. — 1 vol. in-4°, dem.-rel. chag.

31 — **Beurdeley**, 1891. — **Double**, 1881. — **Gavet** (Em.), 1897. — **Yvon** (Mme d'), 1892. — Objets d'art, Tapisseries, Meubles, etc. Ens. 4 vol. gr. in-4° et in-8°, dem.-rel. chag.

32 — **Charles Jacque**, 1894. — **Josse** (H.), 1894. — **Salverte**, 1887. — **X...**, 1893. — Tableaux, Dessins, Objets d'art, Tapisseries, etc. Ens. 4 vol. in-4°, dem.-rel. chag.

33 — **Doria**. — Tableaux et Dessins. 2 vol. gr. in-4°, br. (*dans un étui*).

34 — **Dreyfus**. — Objets d'art et de curiosité, tapisseries, tableaux (1889). 3 vol. gr. in-4°, dem.-rel. chag.

35 — **Fournier**, 1885. — **Piot**, 1890. — **Ribeira da Cunha**, 1884. — Tableaux et Dessins. Ens. 3 vol. in-8° et in-4°, dem.-rel. chag.

36 — **G...** (Ch.). — Tableaux, Sculptures, etc. (1900). 1 vol. in-4°, dem.-rel. chag.

37 — **Garnier**, 1894. — **Haro** (père et fils), 1892. — **H. Y...**, 1897. — **Wilson** (J.), 1873. — Tableaux et Dessins. Ens. 4 vol. gr. in-4°, dem.-rel. chag.

38 — **Goncourt**. — Tableaux, Dessins, Porcelaines, Faïences d'Extrême-Orient (1897). 2 vol. gr. in-4°, dem.-rel. chag.

39 — **Meissonier**. — Tableaux et Dessins (1893). 1 vol. gr. in-4°, dem.-rel. chag.

40 — **Rosa Bonheur**. — Tableaux et Dessins. 2 vol. gr. in-4°, br. (*dans un étui*).

41 — **San Donato**, 1870. — **Seillière**, 1890. — Objets d'art. Ens. 3 vol. in-8° et in-4°, dem.-rel. chag.

42 — **Spitzer**. — Objets d'art et de curiosité, Armes et armures (1893). 4 vol. dont un atlas gr. in-4°, dem.-rel. chag.

43 — Lot important de Catalogues divers, reliés et brochés. Tableaux, Dessins, Meubles et Objets d'art. (*Ce n° sera divisé.*)

DESSINS, ESTAMPES, GRAVURES

44 — **Ça ira** et **Ça été**, d'après *Boilly*. 2 grav. en haut. (*sous verres, cad. dor.*).

Belles épreuves anciennes avec marges.

45 — **Le Coucher,** d'après *J. Vanloo.* Grav. en haut. (*sous verres, cad. dor.*).

46 — **Les Grâces enchaînées par l'Amour** et **L'Amour enchaîné par les Grâces.** 2 grav. en haut. form. pend. (*sous verres, cad. dor.*).
Réimpressions en couleurs.

47 — **L'Heureuse fécondité**, d'après *Fragonard.* Grav. en médaillon (*sous verre, cad. dor., marg. non apparentes*).

48 — **L'Orage.** — **Le Malade imaginaire.** — 2 grav. en haut. (*sous verres, cad. dor.*)
Photograv. en couleurs, procédé **Goupil.**

49 — **Gravures** anciennes et modernes, — Suites de figures pour illustrer les œuvres de La Fontaine et autres, — Lithographies, — Photographies, etc., — en portefeuilles. (*Ce n° sera divisé.*)

50 — **Grenadier.** — **Dessin, aquar.** et **gravure** du dessin représentant un grenadier assis (*sous verres, cad. dor.*)

51 — **Paysage.** — **Petit dessin** signé *Lagrenée* (*sous verre, cad. en bois.*)

52 — **Le Père de famille** (*vue de la forêt d'Eu*). — Très joli **Dessin** en haut. signé *Jorand,* 1847 (*sous verre, cad. dor.*)

53 — **Vue** d'une partie du pont de Saint-Maur. — Joli **Dessin** aquar. signé *Deroy,* 1816. — Curieux cadre en bois orné de bronzes.

OBJETS D'ART

ET

D'AMEUBLEMENT

FAIENCES ET PORCELAINES

54 — Groupe en terre vernissée : *Notre-Dame del Pilar.*

55 — Deux jardinières-appliques, en faïence française, à décor de personnages avec mascarons.

56 — Jardinière-applique, décor à la pagode. Ancienne faïence de Rouen.

57 — Médaillon ovale, en faïence, présentant deux bustes.

58 — Tasse-trembleuse avec couvercle et présentoir, ornée d'un médaillon et de fleurettes, en porcelaine dure.

59 — Petit vase, décoré de guirandes, en porcelaine allemande. Pied en cuivre.

60 — Théière avec couvercle, décor de fleurs. Porcelaine de Berlin.

61 — Petit groupe : *Saint Christophe*, en porcelaine de Saxe.

62 — Théière décorée de fleurs, en ancienne porcelaine allemande.

63 — Statuette en ancienne porcelaine blanche allemande : *Diane chassant le cerf.*

64 — Tasse et soucoupe, en ancienne porcelaine tendre, à décor de fleurettes et bandes violettes.

65 — Deux porte-fleurs hexagones, décor bleu. Ancienne porcelaine de Chine.

66 — Groupe en biscuit : *Jeune fille et amour.*

67 — Groupe en biscuit : *Nymphe et amour.*

68-71 — Lot de céramique variée.

OBJETS VARIÉS

72 — Huit plaques en émail peint de Limoges, XVIIe siècle, décor en grisaille, sujets tirés de la Vie du Christ.

73 — Plaque octogone, présentant Minerve, en émail peint de Limoges. Fin du XVIe siècle.

74 — Plaque rectangulaire, sainte Madeleine, émail peint de Limoges. XVIIe siècle.

75 — Médaillon : le Calvaire. Émail peint de Limoges. XVIIe siècle.

76 — MÉDAILLON : la Vierge et l'Enfant Jésus. Émail peint de Limoges, atelier des Laudin. XVIIe siècle.

77 — DEUX PLAQUES en émail peint à sujets saints.

78 — CROIX en cuivre en partie émaillée. Limoges. XIVe siècle.

79 — CALICE à pied de cuivre doré à feuillages. Italie, XVIe siècle.

80 — AUTRE, tige à nœud et base polylobée. XVIe siècle.

81 — AUTRE, pied à pourtour contourné et repercé. XVIe siècle.

82 — SEPT PIÈCES de monnaie d'or d'époques variées.

83 — LOT de pièces de monnaie d'argent et cuivre de diverses époques.

84 — LOT de bagues variées.

85 — BAS-RELIEF en albâtre : Dieu le Père tenant la croix et entouré de quatre anges. Ancien travail espagnol. Encadré.

86 — BAS-RELIEF en albâtre : le Couronnement de la Vierge. Ancien travail espagnol. Encadré.

87 — BUSTE en pierre, grandeur nature : la Sibylle d'Erythrée.

88 — STATUETTE en marbre blanc : l'Amazone enchaînée.

89 — FIGURINE de moine debout, en ivoire. XVIIe siècle.

90 — Petit groupe en ivoire : la Vierge assise, tenant l'Enfant Jésus.

91 — Coffret en ivoire, genre gothique.

92 — Bas-relief en ivoire : fragment d'un Calvaire.

93 — Christ en ivoire sur croix en bois noir.

94 — Éventail à monture d'ivoire doré : feuille à sujet champêtre. Époque Louis XV.

95 — Éventail à monture d'ivoire doré : feuille en soie avec paillettes, allégorie de l'Amour, avec thermomètre dans l'un des panaches. Époque Louis XVI.

96 — Gobelet en argent gravé, vieux Paris.

97 — Baiser de paix, en argent niellé, doublé de de cuivre.

98 — Étui plat, en argent repoussé, à rocailles.

99 — Deux salières ovales, en argent. Époque Louis XVI.

100 — Couteau de poche, plaqué de nacre. Époque Louis XVI.

101 — Deux montres en argent repoussé. Époque Louis XV.

102 — Quatre petites tasses avec présentoirs, en émail de Canton.

103 — Lorgnette plaquée de nacre. Commencement du xixe siècle.

104 — Deux petits vitraux ronds : *le Christ* et *Saint Laurent*. Fin du XVIe siècle.

105-108 — Lot de verrerie.

109 — Gouache : *Vue de port de mer*, signée : *L. R.* Cadre en bois doré.

110-115 — Sous ces numéros, divers tableaux.

116-121 — Lot de cadres variés.

122 — Briquet en fer, du XVIIIe siècle.

123 — Grand support en fer, à motifs gothiques.

124 — Deux porte-cierges en fer.

125 — Crémaillère.

126 — Pelles et pincettes.

127 — Deux landiers.

128 — Fond de cheminée, aux armes de France.

129-130 — Lot de fragments en fer.

131 — Deux encensoirs en bronze.

132 — Bas-relief en bronze doré : la Prédication de saint Jean Baptiste. Cadre en bois noir.

133-134 — Cinq mortiers en bronze, d'époques variées.

135 — Statuette de sainte Élisabeth en bronze. Ancien travail flamand.

136-140 — Lot d'objets en dinanderie.

141-143 — Lot de bronzes pour meubles.

144-146 — Lot de figurines en bronze.

147 — Serrure en fer du xviiie siècle.

148 — Étendard au chiffre de Napoléon III.

149 — Trousse composée d'un couteau et d'une fourchette, à manches d'ivoire ajouré.

150 — Gaine en cuir contenant une fourchette et une cuiller en fer et cuivre du xviie siècle.

151 — Coffret revêtu de cuir et garni de cuivre. xviie siècle.

152 — Autre, plus grand. Même époque.

153 — Deux chaudrons de postillons. xviiie siècle.

ARMES

154 — Deux armets variés en fer.

155 — Cabasset en fer.

156 — Deux pulvérins en fer.

157 — Cotte de mailles.

158 — Deux fauchards indo-chinois.

159 — Deux poignards orientaux à manches d'ivoire de morse.

160 — Trois épées de ville du xviiie siècle.

161 — Deux pistolets à rouet.

162 — Fusil de chasse à silex. Garniture d'argent avec armes de France à la crosse. xviiie siècle.

163 — Fusil oriental à silex.

164 — Mousquet à rouet. xviie siècle.

165 — Tromblon du xviiie siècle.

166-168 — Lot de pistolets.

169-172 — Lot d'épées variées.

173-176 — Lot de hallebardes variées.

BOIS SCULPTÉS

177 — Bas-relief en bois peint : *la Flagellation.* xvie siècle.

178 — Bout de poutre, en bois sculpté, en forme de tête d'homme. xvie siècle.

179 — Haut-relief en bois, avec traces de dorure : *le Portement de croix.* xvie siècle.

180 — Bas-relief applique, en bois sculpté : *le Christ mort sur les genoux de la Vierge.* xvie siècle.

181 — Haut-relief en bois sculpté, à sujet tiré de la vie du Christ. Composition de huit personnages. xvie siècle.

182 — Haut-relief en chêne sculpté : *la Mort de la Vierge.* xvie siècle.

183 — Bas-relief en bois sculpté : *le Portement de croix.* xvie siècle.

184 — HAUT-RELIEF en chêne sculpté : *Pieta*. XVIe siècle.

185 — GRAND HAUT-RELIEF, en chêne sculpté, représentant *la Mise au tombeau*. Composition de nombreux personnages. Fonds de rochers avec habitations. XVIe siècle.

186 — STATUETTE de sainte Anne debout, en bois sculpté.

187 — AIGLE DE LUTRIN, en bois sculpté. XVIIe siècle.

188 — GROUPE en bois peint : *Saint Martin*, dans une niche ajourée. XVIIe siècle.

189 — DEUX STATUETTES en bois doré : *l'Été et l'hiver*. XVIIIe siècle.

190 — TROIS PETITS MONTANTS, en bois sculpté, à cariatides.

191 — LOT de statuettes variées, en bois sculpté.

192 — ENVELOPPE DE CHEMINÉE en bois sculpté, genre gothique.

Haut., 2 m. 43; larg., 1 m. 65.

PENDULES

193 — PENDULE en marqueterie d'écaille et d'étain, avec cadran en cuivre, ornée d'une figure du Temps, avec le nom : *Baltazar Martinot, à Paris*. XVIIe siècle.

194 — PENDULE en bronze et marbre bleu turquin, ornée de deux figurines d'amours. Époque Louis XVI.

195 — PETITE PENDULE en bronze doré : le Char de Cérès. Commencement du XIXe siècle.

196 — PENDULE en marbre blanc et bronze doré ; mouvement porté par deux pilastres à figures égyptiennes.

MEUBLES — TAPISSERIES

197 — CABINET plaqué d'ébène et d'écaille, garni de cuivres, sur bases à colonettes torses en bois noirci. XVIIe siècle.

198 — COMMODE à deux tiroirs, en bois de placage, garni de bronzes, dessus de marbre. Époque Louis XV.

199 — COMMODE Louis XV, plaquée de palissandre, garnie de cuivres et munie de deux tiroirs.

200 — COMMODE à trois rangs de tiroirs, en bois de placage garnie de bronzes. Dessus de marbre. Époque Louis XV.

201 — BERGÈRE en bois sculpté, du temps de Louis XV, recouverte de velours.

202 — FAUTEUIL en bois sculpté, siège et dossier cannés. Époque Louis XV.

203 — FAUTEUIL en bois sculpté, siège et dossier cannés.

204 — COMMODE à trois tiroirs en bois de placage, garnie de bronzes. Fin de l'époque Louis XV.

205 — FAUTEUIL en bois sculpté à cannelures et feuillages. Signé *Péridiez*. En partie de l'époque Louis XVI.

206 — FAUTEUIL de bureau, en bois sculpté du temps de Louis XVI. Siège et dossier cannés, pieds obliques.

207 — Bureau à cylindre, surmonté d'une bibliothèque en marqueterie de bois de couleur. Époque Louis XVI.

208 — Tabouret de pieds, en bois peint gris du temps de Louis XVI.

209 — Petite glace, dans un cadre en bois doré, à rocailles du XVIIIe siècle.

210 — Petite table, forme cœur, bois de placage.

211 — Petite table carrée, à trois tiroirs, en marqueterie de bois de couleur.

212 — Petit guéridon rond, en marqueterie, à damier, à un tiroir.

213 — Bibliothèque en bois de placage, ornée, sur les portes, de volumes simulés. Chutes et sabots en bronze.

214 — Petite commode de poupée, en bois de placage.

215 — Chaise-longue, en deux parties, en bois sculpté et peint gris, couverte en velours ciselé.

216 — Deux fauteuils en bois peint noir, couverts en soie à fond vert.

217 — Bergère en bois sculpté et peint gris, siège et dossier cannés, coussin de velours.

218 — Comptoir en bois, genre gothique, avec nappe en étain.

219 — Dressoir étroit, surmonté d'un dais en bois sculpté, à fenestrages gothiques.

220 — Stalle, surmontée d'un dais en bois sculpté, à fenestrages, armoiries et figure équestre.

221 — DRESSOIR étroit, surmonté d'un dais en bois sculpté, à motifs gothiques.

222 — ARMOIRE en chêne, ouvrant à deux portes à volets, à décor de motifs gothiques.

223 — STALLE à haut dossier, en bois sculpté, à fenestrages gothiques.

224 — STALLE en bois sculpté, genre gothique.

225 — DEUX VITRINES hautes, à montures métalliques.

Haut., 90 cent.; larg., 67 cent.

226 — VITRINE plate analogue.

Long., 95 cent.; larg., 54 cent.

227 — BILLARD en chêne de Gerdères, genre gothique. Avec accessoires.

228 — PETIT PANNEAU en tapisserie au point : *Prédication de saint Jean-Baptiste*. Fin du XVIe siècle.

229 — TAPISSERIE verdure avec oiseau.

Haut., 2 m. 20; larg., 1 m. 35.

230 — TAPISSERIE du temps de Louis XV, présentant des arbustes et des animaux; bordure à baguette enguirlandée.

Haut., 2 m. 80; larg., 3 mètres.

231 — LOT de boiseries et panneaux non montés.

232-240 — OBJETS divers non catalogués.

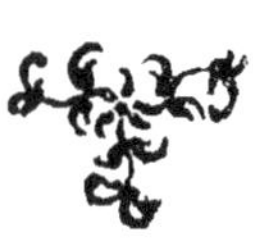

www.ingramcontent.com/pod-product-compliance
Ingram Content Group UK Ltd.
Pitfield, Milton Keynes, MK11 3LW, UK
UKHW020531180726
13839UKWH00005B/2443

9 782329 530970